SUNSET
GROUP

Hacienda

Andalucía MR
Equestrian Club
Cancún México

ADMIRAL MR
YACHT CLUB
Cancún - México

La Riviera

Cancún y las Islas
and the Islands

Maya

La Riviera

Cancún y las Islas
and the Islands

Maya

NUEVA EDICION / NEW EDITION
AÑO / YEAR 2006

PRODUCCION / PRODUCEN BY
GRUPO LUSO

Blvd. Kukulcan Km. 4.5 Condominios Bellamar #210, Z.H. Cancún Q.R.
Tel / Fax (998) 849 53 76 Cel. 044 (998) 845 81 61
E-mail: luso1@prodigy.net.mx

UN PROYECTO DE: / A PROYECT BY
Joao M.F. Carnerio de Almeida
Raul Pinto y José Pedro S. Castelo Branco

AUTOR / AUTHOR
Joao M.F. Carnerio de Almeida

FOTOGRAFIA TERRESTRE / LAND PHOTOGRAPHY
Raul Constancio
Joao M.F. Carnerio de Almeida

FOTOGRAFIA SUBACUATICA / UNDERWATER PHOTOGRAPHY
Joao M.F. Carnerio de Almeida
Jerónimo T. Aviles O.
Juan Carlos Garrido
Alberto Fricione
Steve Gerard

FOTOGRAFIA AEREA / AERIAL PHOTOGRAPHY
Joao M.F. Carnerio de Almeida
Javier Durán y Luis Gómez

TEXTOS / TEXTS
María Pía Navarrete
Claudia Grinius
Joao M.F. Carnerio de Almeida

DISEÑO GRAFICO / GRAPHIC DESIGN
COMPANHIA DAS CORES.

Ana Ventura
Rua de artilharia Um. N. 101-5
1070-012 Lisboa Purtugal
Tel: (01) 3825610 Fax: (01) 3825619

SELECCION DE COLOR / COLOUR SEPARATION
ESTUDIOS GRAFICOS LDA.
Urb. Expansao Norte de Montechoro
Edificio Visachoro Lt. 9/10 c/v A
Montechoro 8200 Albufeira Portugal
Tel: (089) 540 880

IMPRESIÓN / PRINTING
TRANSCONTINENTAL
Democracias 116 Col. San Miguel Amantla
Tel: (525) 3540100 Fax (525) 3540112

AGRADECIMIENTOS / THANKS
XCARET:
Ing. Marcos Constandse
Arq. Carlos Constandse
Staff Via Delphi

XEL-HA
Lic. Elizabeth Lugo
Staff Via Delphi

COZUMEL
Prof. Juana González Flores

TANKAH
Eugenio Aceves
Jimmy y Shaleh Clark

CONTOY
Naviera Asterix
Ricardo Vásquez García

PLAZA DE TOROS CANCUN
Cristina Martínez

I.S.B.N. 972-98068-0-2

III Chac-Mool

FOTO CREDITOS / PHOTO CREDITS

RAUL CONSTANCIO
PAG.: 2, 4, 8, 11, 17 arriba, 27, 28, 29, 30 arriba, 32 arriba, 33, 36, 37, 38, 40, 41, 42, 44, 46, 47, 48, 49, 50 arriba, 51 abajo,
52 abajo, 53, 56, 57, 59, 60, 61, 62, 64, 65, 66, 67, 68 abajo, 70 abajo, 71, 72, 74, 75, 76, 77, 80, 81, 82, 83 arriba, 84 abajo,
86, 87, 88, 89, 90, 91, 98 abajo, 99, 102, 103, 105 arriba, 114, 115, 116, 117, 118, 120 arriba, 121, 122, 123, 124 arriba, 125,
126, 128 arriba, 129, 130, 131, 132, 133, 134, 136, 137.

JOAO M.F. CARNEIRO DE ALMEIDA
FOTO DE PORTADA Y CONTRAPORTADA
PAG.: 6, 10, 12, 14, 15, 17 abajo, 20, 22 abajo, 32 abajo, 36, 50 abajo, 54, 62, 63, 68 arriba, 69, 70 arriba, 78 arriba, 79 abajo,
84 arriba, 85 arriba, 92, 93, 94, 95, 96, 97, 100, 101, 104, 105 abajo, 106, 107, 108, 109, 110, 111, 112, 113, 124, 128, 18,
19, 34 y 35.

ALBERTO FRICIONE
PAG.: 22 arriba.

JERONIMO T. AVILES
PAG.: 21, 23, 31 arriba, 51 arriba, 78 abajo, 79 arriba, 83 abajo, 120 abajo,
138.

JUAN CARLOS GARRIDO
PAG.: 24, 26, 31 abajo, 139 abajo.

STEVE GERARD
PAG.: 30 abajo.

EUGENIO ACEVES
PAG.: 26, 30, 31.

Contenido
Contents

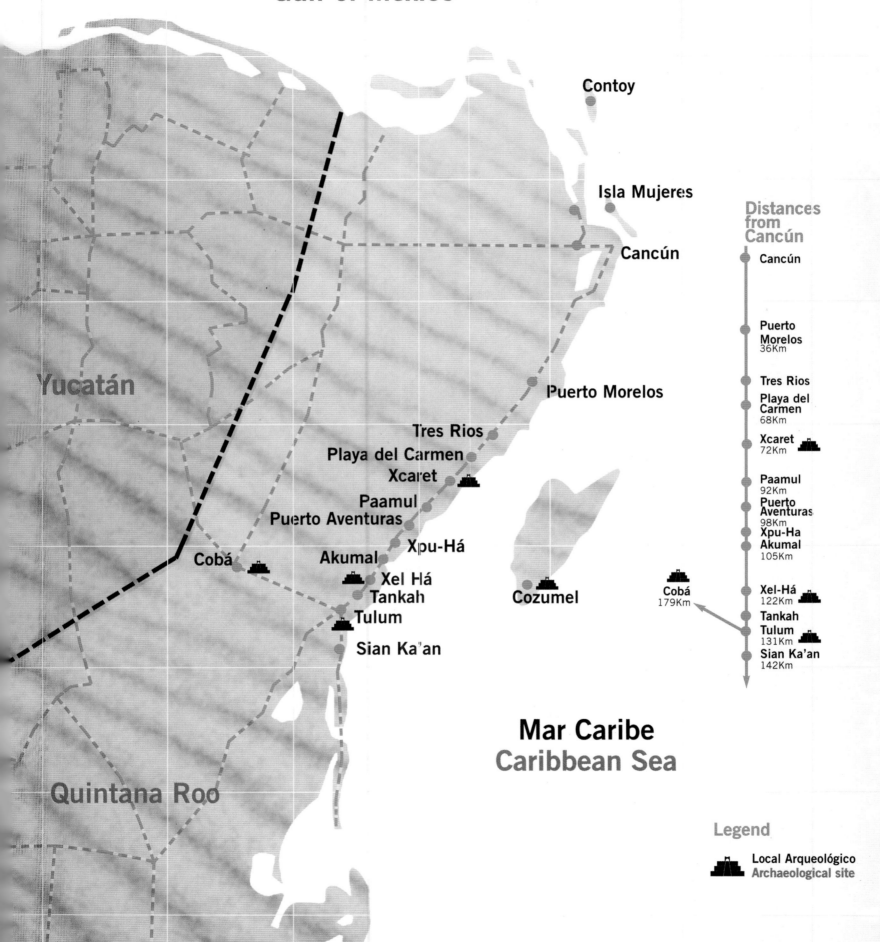

La Riviera Maya y las Islas del Caribe Mexicano

Naturaleza, historia, cultura y diversión se conjugan en la Riviera Maya

Iniciando a 40 kilómetros al sur de la ciudad de Cancún, principal destino turístico del Caribe mexicano, la Riviera Maya se extiende sobre un listón de playas y selva de 150 kilómetros.

Es ahí, en medio de la vegetación exuberante y entre las palmeras de la costa, que los antiguos mayas edificaron espléndidas ciudades, puertos de comercio y templos para adorar a sus deidades. Hoy, los vestigios son testimonio de esta fascinante civilización cuyas tradiciones aún perduran entre los habitantes locales.

El mágico color turquesa del mar Caribe que, antaño, fue fuente de inspiración para los mayas, conserva intactas sus tonalidades eléctricas. Resguarda, además, un inestimable tesoro: el segundo arrecife de coral más grande del mundo. Este inigualable mar, las playas blancas que lo bordean y la Gran Selva Maya tienen mucho que revelar a quien se aventure por estos rincones.

La Riviera Maya invita a explorar, a relajarse, a divertirse y a aprender. Hoy, equipada con todos los servicios y muchas instalaciones, satisface todos los gustos y presupuestos. Brinda desde hoteles gran turismo hasta rústicas cabañas, campos de golf, espacios ecológicos, zonas arqueológicas, paradisiacas playas solitarias, apacibles lagunas esmeralda, especies de flora y fauna únicas en el mundo, muchas en peligro de extinción, ecosistemas muy particulares, parques temáticos naturales, maravillosos jardines subacuáticos, refrescantes pozos de agua dulce (cenotes), lujosas marinas, pequeños pueblos de pescadores y un centro turístico que está adquiriendo fama internacional, Playa del Carmen.

The Mayan Riviera and the Islands of the Mexican Caribbean

Nature, history, culture and leisure join together in the Maya Riviera

Beginning 40 kilometers south of Cancun, principal tourist destination in the Mexican Caribbean, the Mayan Riviera is a ribbon of paradisiacal beaches and tropical jungle; stretching for 150 kilometers along the turquoise coast.

It is there, in the midst of the exuberant jungle vegetation and between coastal palms, that the ancient Maya built splendid cities, commercial ports and temples of worship. Today, these vestiges are testimony of this fascinating civilization, with traditions that still endure in local.

The magic color of the Caribbean Sea, an infinite fountain of inspiration for the Maya of yesterday, still preserves it electric tonalities. It shelters as well, a priceless treasure: the second largest coral barrier reef in the world. This incomparable sea, the white sand beaches that border it and the Great Mayan Jungle have a lot to reveal to anyone to ventures to these fascinating corners.

The Mayan Riviera is an invitation to explore, relax, enjoy and learn about the region's naturals and historical beauty. Today, equipped with all the services of a First World nation and numerous facilities, this destination satisfies all tastes and budgets. It boasts deluxe hotels as well as rustic inns, golf courses, ecological areas, archeological sites, deserted beaches, emerald lagoons, species of flora and fauna unique in the world and many endangered ones as well, unusual ecosystems, refreshing fresh water sinkholes (*cenotes*), luxury marinas, small fishing villages and tourist center that is acquiring international fame, Playa del Carmen.

▮▮▮ Mascarones de estuco decoran las fachadas de los antiguos edificios mayas.
Large stucco mask decorate the facades of ancient Mayan buildings.

Cancún, joya turística de la región, es el enlace con grandes ciudades del mundo. Ubicada sobre un brazo de arena entre mar y laguna, cuenta con 24 kilómetros de playas, una profusión de hoteles (cerca de cien), restaurantes y centros comerciales, muchos con una arquitectura atrevida que contrasta armoniosamente con el frondoso entorno natural.

Otra atracción principal del Caribe mexicano son sus islas de sueño. Enclavadas en medio de los tonos azules del mar, de fácil acceso, son refugios inesperados. Isla Mujeres, pequeña ínsula frente a Cancún, se caracteriza por su atmósfera bohemia; es muy popular entre aquéllos en busca de un rincón tranquilo y romántico. Cozumel, la isla más grande del país, es la meca del buceo. Recibe anualmente a miles de aficionados y especialistas que viven experiencias inolvidables en los arrecifes de coral que lo rodean. Isla Contoy no está habitada más que por miles de aves que han encontrado en esta zona protegida un santuario para anidar y reproducirse.

La Riviera Maya y las islas, espejo de tierras privilegiadas, invitan a descubrir fantásticos paisajes, a conocer mundos insospechados y a adentrarse en la historia cotidiana de un pueblo rico en tradiciones.

Cancun, the tourist gem of the region, is the link between the great cities of the world and the rest of the Peninsula. Located on a long stretch of sand between sea and lagoon, it boasts 24 kilometers beach, a arge quantity of hotels (nearly one hundred), restaurants and shopping centers, many with a daring architecture that contrast harmoniously with its intense and lush natural surroundings.

Another principal tourist attraction in the Mexican Caribbean are the islands. Situated right in the middle of ocean's blue tones and of easy access, they are unexpected holiday escapes. A bohemian atmosphere characterizes Isla Mujeres, small isle right in front of Cancun; it is very popular among those searching for something mellow and romantic. Cozumel, the country's largest island, is a diving Mecca. It receives annually, thousands of aficionados and specialists that experience unforgetful journeys in the coral reefs surrounding the island. The island of Contoy is inhabited only by thousands of birds that have found this area a sanctuary to nest and reproduce.

The Mayan Riviera and the Islands of Mexican Caribbean, reflections of privileged lands, are magnets for discovering fantastic landscapes, unsuspected worlds and the daily history of a people rich in tradition.

PREPARADO PARA ADELGAZAR

PREPARADO PARA LA CIRCULACIÓN

Cuachalate

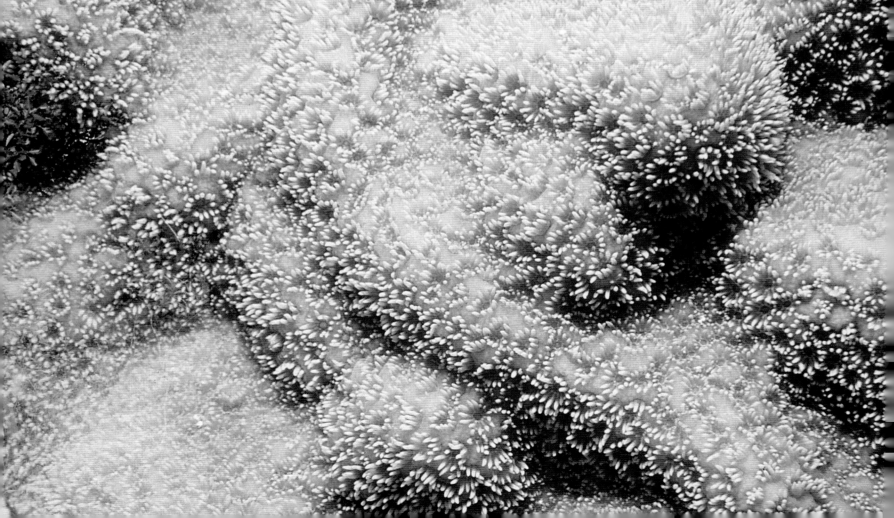

El Gran Arrecife Maya

Al extenderse desde la punta de la Península de Yucatán hasta Honduras, el Gran Arrecife Maya es la barrera arrecifal más grande del hemisferio norte. Con sus 680 kilómetros de largo, estas formaciones coralinas son las estructuras más grandes armadas por la vida animal en el planeta. Proporcionan material excepcional para la bitácora de cualquier buzo que los visite. Con más de 3 mil especies de flora y fauna, los arrecifes de coral son para los océanos lo que las selvas para la tierra.

Los arrecifes de coral deben su magia al hábitat que proporciona a los fascinantes peces policromados y a los corales de caprichosas formas. Cerebros y estrellas, abanicos, pólipos, esponjas parecidas a cactus gigantes, tortugas que se deslizan por las corrientes, pulpos y hasta hipocampos viven ahí en simbiosis, dependiendo unos de los otros para alimentarse y protegerse.

La mejor manera de adentrarse en las maravillas del mundo marino del Caribe mexicano es practicando el esnórqueleo o el buceo. Desde Cancún hasta Boca paila, incluyendo las islas, cada destino cuenta con centros de buceo que ofrecen una gran variedad de opciones. En Isla Mujeres, se pueden admirar los arrecifes cercanos desde una lancha con fondo de vidrio. Cozumel, uno de los destinos más populares del mundo para el buceo, invita a visitar el arrecife Santa Rosa o Palancar, con sus infinitas paredes que se pierden en las profundidades. Y a corta distancia de Cancún, se encuentran Cuevones, Manchones y Chitales, para mencionar sólo algunos. Akumal, Tankah, Xpuhá y Paamul son importantes centros de buceo de la Riviera Maya.

The Great Maya Reef

Stretching from the tip of the Yucatan Peninsula down to Honduras, the Great Mayan Reef is the largest barrier reef in the Western Hemisphere. About 420 miles long, these coral formations are the largest structures assembled by animal life on Earth; providing spectacular material for an exciting number of entries in any diver's log.

Housing over 3000 species of flora and fauna, coral reefs are to the oceans what rainforests are to the land.

The magic of the barrier reef is owed to the immensely spacious and fascinating habitat of fish, corals in astonishing shapes, size and color. Brain and star corals, sea fans, polyps, sponges similar ti giant cacti, turtles tath glide across the sea, octopi and vibrant-colored fish can all be seen living in a delicate symbiosis, depending on one another for food and shelter. Human kind is their only real threat.

The best way to see the underwater wonders of the Mexican Caribbean is to snorkel or scuba dive. Every destination from Cancun to Boca Paila, including the islands, boast numerous dive centers offering a variety of diving options. From Isla Mujeres, one can visit the nearby reefs on many of the Island's unique glass bottom boats; in Cozumel, undoubtedly one of the most popular dive destinations in the world, the endlessly deep Santa Rosa reef or Palancar offer the underwater experience of a lifetime; and only a short boat ride from Cancun's mainland, one can snorkel in Cuevones, Manchones and Chitales, to mention only a few. Akumal, Tankah, Xpuha and Paamul are also some of the most eminent dive centers in the Mayan Riviera.

Pez ángel francés
French angel fish

Coral abanico Venus
Venus sea Fan

▌▌ Gorgonáceo con estrellas de mar
Gorgonian with brittle starfish

▌▌ Langosta resbalosa
Slippery lobster

Cenotes

La formación de esta extensa red se debe a la permeabilidad del suelo calizo, muy poroso, que deja pasar el agua de lluvia hasta las capas inferiores.

Los cenotes, que afloran en la superficie de la tierra o que quedan atrapados en el fondo de cavernas, son una de las maravillas naturales de la región. Su ecosistema es único en el mundo, sus frescas aguas cristalinas son una fuente de eterna juventud y, además, son la entrada a un mundo fantástico de cuevas subacúaticas que apenas empieza a ser explorado por atrevidos buzos espeleólogos.

En estas áridas tierras, sin lagos ni ríos, los antiguos mayas valoraban mucho los cenotes. Los consideraban como recintos sagrados en los cuales rendían culto a Chaac, la deidad de la lluvia; también eran la entrada al inframundo.

Hoy, los cenotes más accesibles de la Riviera Maya son Dos Palmas, Dos Ojos, Ak Tun Ha (CarWash), Edén (Ponderosa), Gran Cenote, Tax-Maha, Chac Mool, los cenotes Azul y Cristalino y Casa Cenote en Tankah, el único cenote con libre acceso a la orilla del mar.

Few regions on earth are so privileged by nature as the Yucatan Peninsula. It is a place where two different worlds meet and actually merge in a delicately beautiful underground environment. The subsoil in this region is an extraordinary labyrinth of subterranean rivers that link many different habitats. It also gives rise to a large number of sinkholes known as "cenotes" locally, and hidden caves that dot the dense jungle vegetation. The cenote that emerges to the earth's surface or that remains trapped in the cavern's depth's, are one of the incredible natural wonders of the region. Its ecosistem is one of a kind; its crystalline waters are a fountain of eternal youth, and they are also, the entrance to the fantastic underground world caves that are just beginning to be explored by daring speleologists. In this arid zone, without lakes nor rivers, the ancient Maya valued wholeheartedly the cenotes. They considered them sacred spaces in which homage to the rain god Chaac was paid; they were also thought of as the entrance to the afterworld. Today, the most accessible cenotes along the Mayan Riviera are Dos Palmas, Dos Ojos, Ak Tun Ha (Carwash), Eden (Ponderosa), Grand Cenote, Tax-Maha, Chac Mool, the Blue and Crystalline cenotes and Casa Cenote in Tankah which is the only sinkhole with quick and public access to the beach.

Cenotes

Cenote Laguna Chankanaab ▐▐

Cenote Ponderosa

▐▐ Los cenotes son albercas naturales de agua dulce.
Cenotes are natural, fresh water pools.

Cueva Dos Ojos III
Dos Ojos Cave

Cueva de Chac Mool
Chac Mool Cave

PLEASE
STOP
UNLESS CAVE TRAINED
We Care!
The National Association for Cave Diving
P.O. Box M492
Gainesville, FL 37604

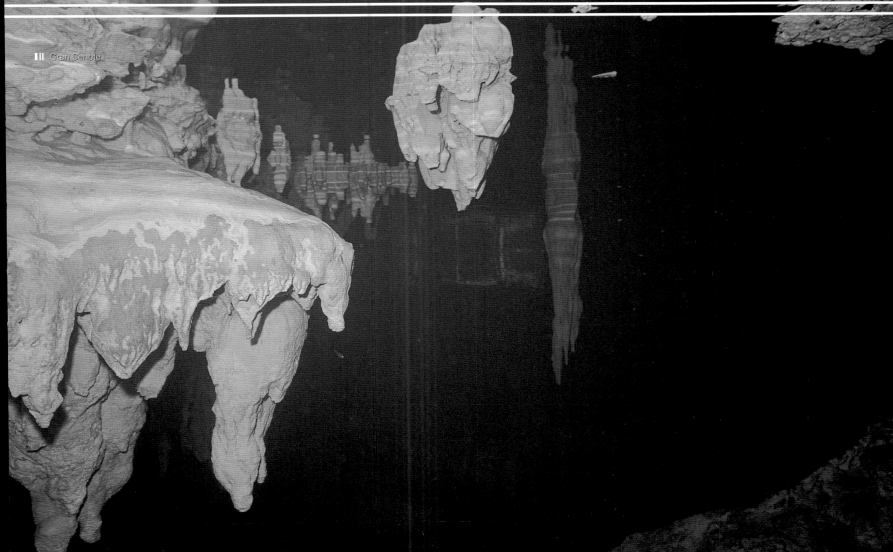

Gran Cenote

Cancún

En el corazón del Caribe mexicano, Cancún es indiscutiblemente el destino turístico más popular en México. Las aguas cristalinas que encierran todos los azules del espectro luminoso, las blancas arenas sedosas, la selva exuberante, la rica historia y los servicios de primera clase han atraído a esta metrópolis un número creciente de visitantes desde su nacimiento, hace apenas tres décadas. Un centro vacacional multifacético, Cancún brinda una amplia gama de atracciones y actividades, incluyendo excursiones al Mundo Maya, a las islas cercanas y a los arrecifes de coral. Complaciendo a los turistas de cualquier edad, condición socio-económica o medio cultural, el centro turístico está dividido en dos áreas principales: la Zona Hotelera, donde acude la mayoría de los turistas, y el centro, que alberga a la gente local y donde se palpa la vibrante cultura mexicana. La Zona Hotelera, una isla de 24 kilómetros de largo conectada por dos puentes a la península, está bordeada de un lado, por largas playas donde se alinean los hoteles y del otro, por lagunas. Hoteles gran turismo, franquicias internacionales, centros turísticos y lo mejor de las especialidades gastronómicas encuentran aquí su lugar. Este brazo de tierra es también el corazón de la excitante vida nocturna. La fiesta empieza a medianoche y termina al amanecer. En contraste con los altos edificios de la Zona Hotelera, el relativamente modesto centro es la mejor opción para cenar tacos, comprar frutas frescas y pasear en busca de recuerdos. Los folclóricos mercados, las calles alegres, el aroma a pan recién horneado que se escapa de las *panaderías,* los restaurantes familiares y la atmósfera cálida son buenas razones para visitar el centro de Cancún. Desde Cancún es fácil viajar a cualquier destino del Mundo Maya. Emocionante, es el punto de partida hacia una aventura llena de sorpresas.

In the heart of the Mexican Caribbean, Cancun is undoubtedly the most popular holiday destination in Mexico. The crystalline waters tinted every blue in the spectrum, silky white sand, lush jungle, rich history and first class service have brought visitors to this growing metropolis since its birth only three decades ago.

A multifaceted vacation center, Cancun boasts an amalgam of attractions and offers a wide variety of activities, including tours to the Mayan World, nearby islands and coral reefs. Catering to tourists of every age level, socio-economic status and cultural background, the resort is divided into two principal areas: the Hotel Zone, where the majority of tourists reside during their vacation, and Downtown, where most locals live and the flavor of Mexico's vibrant culture can be experienced. The Hotel Zone, which is a 24 mile-long island connected by two bridges to the peninsula, is marked by a strand of infinite beaches lined with hotels on one side and the lagoons on the other. Deluxe hotels, big name franchises, shopping malls and the creme de la creme of Cancun's culinary world all have a place here. This long narrow strip of land is also the hub of Cancun's bustling nightlife; here, the evening begins at the strike of twelve and ends with the rise of the morning sun.

In contrast to the large buildings of the Hotel Zone, the relatively small Downtown is still the best place to have a taco, buy fresh fruit, stroll and shop for souvenirs. The folklore of the markets, liveliness of the streets, the aroma of fresh baked bread from the *panaderias* (bakeries), family restaurants and friendly atmosphere are all good reasons for visiting the downtown area.

From Cancun, one can easily get to any destination in the Mayan World; often making it the first arrival point of a captivating journey.

Cancun

▍▍▍ Majestuosa palapa en la Zona Hotelera
Majestic palapa in the Hotel Zone

El tucán, rey del follaje selvático
The tucán, king of the jungle canopy

Los hoteles están rodeados de jardines tropicales ▮▮▮
The hotels are surrounded by tropical gardens

Garza blanca en la Laguna Nichupté
Great egret in the Nichupte Lagoon

▌▌▌ El folklore y las artesanías reflejan la alegría del pueblo mexicano
Mexico's folklore and crafts are characterized by their color and joy

Las lanchas pasan por los canales de la laguna para ir al mar
Boats ride through the lagoon's chanels to get to the sea

Puerto Morelos

Al sur de Cancún, cuando se toma la carretera que lleva a la Riviera Maya, el primer poblado que aparace es Puerto Morelos, fácilmente reconocible por su faro inclinado. A 36 kilometros de Cancún, queda antes de la primera playa de la Riviera Maya.
A pesar del desarrollo galopante que caracteriza al Caribe mexicano, Puerto Morelos ha guardado todo el encanto de una pequeña comunidad de pescadores, sencilla y sin prisas. Los extranjeros que se han instalado aquí, en villas que han construido frente al mar, son en su mayoría ecologistas, biólogos y jubilados en busca de de paz; viven en total armonía con la gente local.
El arrecife de coral que se encuentra a sólo cinco minutos de la costa es un atractivo para los amantes del buceo y des esnórquel. Las tiendas de buceo son escasas pero los pescadores están siempre dispuestos a organizar paseos al arrecife.
Puerto Morelos es también un puerto comercial importante para la región. De su muelle, salen los transbordadores de vehiculos a la isla de Cozumel.
El pueblo ofrece a sus visitantes alternativas de alojamiento como hoteles y posadas sin pretensiones o casas de huéspedes.
En las afueras de Puerto Morelos podrá encontrar lujosos hoteles con excelentes servicios. Muchas de las habitaciones tienen una sorprendente vista al mar que se disfruta también de noche, bajo la brillante bóveda celeste o cuando los dorados tonos de la luna llena bailan sobre las olas.

Located 36 kilometers south of Cancun, Puerto Morelos is the closest village before the first beach in the Mayan Riviera. Right on the highway, it is easily spotted thanks to its crooked lighthouse.
In contrast to the rapid development that has characterized the Mexican Caribbean, Puerto Morelos has kept its charm as a quaint fishing community - simple and laid-back. The foreigners majority ecologists, biologists an retirees in search of peace and quiet; living in complete harmony with the locals. The coral reef that is situated at only five minutes from the coast is an attraction for diving and snorkeling fans. Dive shops are a bit scarce; however, there are always fishermen who are prepared to take anyone who wishes on a dive tour to the reef.
Puerto Morelos is also an important port of commerce in the region. From its dock, the large car ferry also transports people and goods to the island of Cozumel.
The small town offers visitors a wide variety of lodging options such as hotels, or unpretentious inns and guest homes. The area around Puerto Morelos contains numerous luxury hotels catering to for a variety of tastes. A lot of the rooms have unbelievable ocean views; these vistas are best enjoyed at night when the brilliance of the celestial canopy or the gold tones of the full moon dance over the soft breakinig waves.

Puerto Morelos

▉▉ Las típicas *cabañas* del Caribe mexicano son una pintoresca opción de hospedaje.
Cabañas are typical lodging facilities in the Mexican Caribbean.

Afuera de Puerto Morelos, se encuentra un jardín botánico y una granja de cocodrilos

El Jardín Botánico Alfredo Barrera cuenta con más de 400 especies vegetales clasificadas que incluyen árboles maderables y frutales, plantas medicinales y ornamentales, plantas epífitas (bromelias y orquídeas) y cactus. En la copa de sus árboles, vive libremente una comunidad de monos araña. Otros atractivos son su solar maya y su pequeña zona arqueológica.

Crococún es un pequeño zoológico con mamíferos regionales, guacamayas, serpientes y tortugas de tierra. Su principal atracción son sus 300 cocodrilos, de las especies moreletti y acutus.

Cocodrilo Moreletti
Moreletti crocodrile

Guacamaya Verde
Green macaw

The Jardin Botanico Alfredo Barrera (botanical garden) has over 400 classified species that include lumber as well a fruit trees, medicinal and ornamental plants, epiphytes such as bromeliads and orchids, and numerous species of cati. Communities of spider monkeys have made their home in the trees' canopy. Other attractions worth seeing in the garden are the solar clock and a small archaeological site.

Crococun is a small zoo with mammals native to the region, macaws, snakes and turtles. Its principal attraction is the 300 crocodiles of the moreletti and acutus species.

A botanical garden and a crocodile farm are found right outside Puerto Morelos.

Playa del Carmen

A sólo una hora de carretera de Cancún, Playa del Carmen es la ciudad que más rápido ha crecido en México en las últimas 2 décadas. Esta comunidad, que hace apenas unos años era un pueblo de pescadores sin pretensiones y el punto de salida a Cozumel, se ha transformado en una próspera ciudad cosmopolita. Sin duda, es el núcleo cultural de la Riviera Maya. Este importante desarrollo turístico ofrece una amplia variedad de servicios. Desde hoteles gran turismo hasta pintorescas posadas frente al mar, algunas con una arquitectura que combina los estilos mexicano y caribeño; restaurantes internacionales famosos y pequeños cafés, muy europeos con sus terrazas al aire libre; boutiques de ropa fina y tiendas de artesanías tanto de Indonesia como de México, Playa lo tiene todo, habiéndose expandido pero sin perder su encanto.
El principal lugar de encuentro para la gente local y los turistas es la Quinta Avenida, calle peatonal que corre paralela a la playa principal. Contrariamente a otros pueblos de la región, el centro y su playa se animan en las noches con música en vivo y fiestas bajo las estrellas.
Playa se caracteriza por sus playas espectaculares, su pluralidad cultural y su atmósfera bohemia y excéntrica. Aunque muchos de los vecinos son nativos de la región, la mayoría de los habitantes vienen de otros estados del país o del extranjero, lo cual le da a Playa su ecléctico sabor internacional.

Playa del Carmen

Only a half-hour drive form Cancun, Playa del Carmen is the fastest growing city in Mexico. From a small unassuming fishing village and principal departure point for the neighboring island of Cozumel, Playa has turned into a thriving, cosmopolitan and ever expanding community; without a doubt, the cultural hub of the Riviera Maya. One of the most important tourist developments of the decade, Playa offers a wide variety of services. From large five star hotels, to quaint ocean-front inns with an architecture that fuses both Caribbean and Mexican styles; franchise restaurants to charming European style outdoor cafes; and excellent shopping that ranges from designer labels to fine Mexican and Indonesian arts and crafts, Playa has achieved growth while maintaining its incomparable charm.
The principal meeting place for local and tourists alike is centered around the famed pedestrian street called La Quinta Avenida, which also runs parallel to the popular beach. Unlike other towns in the area, Playa's Quinta Avenida and beach are well known for their bustling nightlife with live music and parties that last until sunrise. Playa most characteristic qualities are its spectacular beaches, multi-culturalism and laid back funkiness. Although many of its inhabitants are native to the region, a large majority of Playa's residents come from other parts of the country and abroad; giving Playa an eclectic international and feel.

III Desde Playa del Carmen salen los ferrys a Cozumel
Ferries to Cozumel leave from Playa del Carmen

Playa del Carmen tiene una activa vida callejera
Playa del Carmen has an active street life

Xcaret

"Paraíso Sagrado de la Naturaleza"

En un punto privilegiado de la Riviera Maya se encuentra Xcaret. Este parque eco-arqueológico fue habilitado en el sitio conocido antiguamente como Polé, un puerto de comercio estratégico y un importante centro ceremonial para los mayas prehispánicos. La reproducción del Arco de Labná a la entrada del parque es un homenaje a esta asombrosa cultura milenaria. Hoy, Xcaret ofrece en un rico y variado entorno natural una multitud de atracciones para aprender y divertirse durante un día entero.

Dos ríos de aguas frescas y cristalinas se deslizan por el parque; permiten explorar parte de la red de canales subacuáticos que se extiende por el subsuelo de la península de Yucatán y admirar sus formaciones coralinas fosilizadas. Uno de los ríos pasa por un encantador pueblo maya donde artesanos tejen, labran, modelan y pintan.

Para disfrutar de las tibias aguas turquesas del Caribe está la caleta que, con sus nubes de peces tropicales, invita al esnórquel; las playas, algunas muy privadas; y las pocitas, que son jacuzzis naturales al aire libre. Para bucear, los paseos al arrecife salen a lo largo del día.

Los mayas legaron una cultura que respeta y admira la naturaleza: ésta tiene aquí un santuario.

Xcaret es el hogar de muchos animales y plantas, algunos en peligro de extinción.

On one of the most privileged spots along the Mayan Riviera. Xcaret eco-archaeological park war rebuilt on an ancient site previously known as Pole, a strategic port of commerce and an important ceremonial center for the Maya of yesterday. The reproduction of The Labna Arch at the park's entrance is homage to this amazing millenary culture. Today, Xcaret offers a diversity of vast ecological wonders in numerous attractions that are there for the sake of learning and enjoyment.

Two crystalline rivers flows through the park; these channels, part of an underground river network that make their way trough the subsoil of Yucatan Peninsula, allow one to explore some of the most fascinating formations of fossilized corals. One of the rivers runs through an enchanting Mayan village where artisans can be seen embroidering, engraving, sculpting and painting. To enjoy the warmth of the Caribbean Sea, the best place for snorkeling in the park is in the inlet where clouds of tropical fish fearlessly embrace the swimmer. Other ideal spot fro swimming and tanning are the beaches (some are very private), as well as the open-air pools along de shoreline where the ocean naturally flows in and out. The Mayas bequeathed a culture that respected and admired nature: in this park, we find a sanctuary. Xcaret is home to many native plants and animals, some of them on the endangered list. Jaguar and pumas can be seen roaming on their islands; owls, spider monkeys, white-tiled deer, precious birds such as toucans, pink flamingoes and macaws, turtles, and amalgam of coral species in the aquarium, and a spectacular butterfly pavilion are all part of Xcaret's animal kingdom.

Xcaret

"Nature's Sacred Paradise"

Se visitan pumas y jaguares en sus islas, búhos en las grutas, monos araña y viejos de monte, venados cola blanca, preciosas aves como tucanes, flamencos y guacamayas, tortugas y especies arrecifales en el acuario, un espectacular mariposario y un jardín botánico con plantas de la región. Xcaret invita también a interactuar con delfines en los delfinarios y a montar a caballo por la selva y la playa.

Al atardecer, Xcaret de Noche ofrece una serie de espectáculos que incluyen rituales mayas místicos y bailes tradicionales, transportando a la audiencia a las raíces de México.

No existe otro parque temático natural como Xcaret en México. Las atracciones proporcionan experiencias didácticas y diversas para toda la familia.

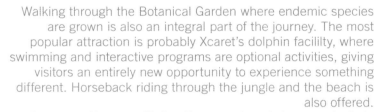

Walking through the Botanical Garden where endemic species are grown is also an integral part of the journey. The most popular attraction is probably Xcaret's dolphin facililty, where swimming and interactive programs are optional activities, giving visitors an entirely new opportunity to experience something different. Horseback riding through the jungle and the beach is also offered.

At sunset, Xcaret at Night offers a series of shows tat include mystical Mayan rituals and traditional folkloric dances, transporting the audience to Mexico's roots.

There is no other natural theme park in the region similar to Xcaret. Here, all the attractions provide a fun and learning experience for the entire family.

El Pueblo Maya es una réplica de una auténtica aldea local
The Mayan Village is a replica of an authentic local town

El Río Maya acerca al visitante a las tradiciones milenarias de esta cultura ancestral
The Mayan River brings the visitor close to the millenary traditions of an ancestral culture

▐▐ Amanecer en la playa
Sunrise on the beach

El parque Xcaret fue habilitado sobre el antiguo puerto de Polé
Xcaret was built on the ancient port of Pole

Restaurant la Caleta ⫼
La Caleta Restaurant

Centro ceremonial del Pueblo Maya
Ceremonial Center of the Mayan Village

Viejo de Monte
Coatimundi

Flamencos rosas
Pink flamingoes

Puerto Aventuras

Este complejo turístico moderno y lujoso, con una superficie de 365 ha, es el primero que fue construido en la Riviera Maya. Su ambiente tranquilo, privado y exclusivo es ideal para aquéllos que desean relajarse en toda comodidad. Ofrece varios hoteles gran turismo y condominios de tiempo compartido de estilo mediterráneo y mexicano, distribuidos en las playas, en los canales de la marina o alrededor del pequeño campo de golf. La marina, con una capacidad para 95 embarcaciones- en su mayoría yates y veleros de gran lujo están ahí anclados- es una de las más grandes del Caribe mexicano y l única de la Riviera. En mayo, acoge a los barcos que participan en el torneo internacional de pesca deportiva. La presa puede ser pez vela, marlín, atún, sábalo o barracuda.

Este fraccionamiento náutico alberga también pequeños restaurantes y tiendas de alimentos, ropa y artesanías.

Otra de las atracciones de Puerto Aventura es su museo de barcos hundidos, que exhibe los objetos rescatados de las embarcaciones que naufragaron en los arrecifes de coral.

This modern and luxurious tourist complex, with an area of 365 hectares, was the first marina of its kind built along the Mayan Riviera. The tranquil, intimate and exclusive atmosphere of Puerto Aventuras is ideal for those who wish to relax in complete and utter comfort.

A tasteful combination of Mediterranean and Mexican design styles characterize this port which boasts various hotels and time-share condominiums located right along the beach, the marina's narrow channels and the modest golf course. The marina, with a carrying capacity of 95 boats-the majority luxurious yachts and sail boats-is one of the largest in the Mexican Caribbean and the only one of its kind in the Mayan Riviera. During the month of May, it hosts the international sport-fishing championship. Tarpon, barracuda, marlin, mahi-mahi and tuna are all popular catches.

This quaint seaside community also houses small restaurants, mini-marts, clothing boutiques and souvenir shops.

Another major attraction here is the museum of sunken ships that exhibits bits and pieces of wrecks rescued from the nearby reef.

Puerto Aventuras

Paamul y Xpu-Há

Huyendo de los rudos inviernos del norte, año tras año, viajeros norteamericanos y canadienses han llegado a Paamul y Xpu-Há en sus campers, en busca de la paz y la belleza natural que estos lugares ofrecen.

Paamul ha conservado todo su encanto rústico. Esta pequeña bahía acurrucada en la costa se ha convertido en un refugio ideal para los aventureros de las carreteras. Frente al mar, estacionan sus vehículos bajo amplios techos de palapa y gozan de las bondades del clima tropical. Los más fieles a este paraíso se han organizado para formar una pintoresca comunidad con calles de arena (con sus respectivos nombres), jardines cultivados alrededor de los domicilios, luz y agua corriente. El ambiente es definitivamente relajado, informal y más que todo, muy tranquilo.

Xpu-Há es una playa más grande, con más tiendas de campaña que campers. Este edén en la costa no es más que una larga playa de fina arena blanca salpicada de palmeras. Varios trailer-parks y modestas cabañas proporcionan todas las facilidades necesarias para una estancia confortable. Reciben principalmente a viajeros aventureros que exploran el Mundo Maya.

El arrecife de coral corre a escasos metros frente a ambas playas, por lo cual Xpu-Há y Paamul son populares entre los aficionados al esnórquel, al buceo y a la pesca deportiva. Tiendas de buceo de primera clase brindan todas las facilidades.

Xpu-Há y Paamul son dos de los sitios que han conservado intactos sus orígenes rústicos, a pesar del desarrollo galopante de la región.

Paamul & Xpuhá

Escaping the harsh winter months of north, American and Canadian travelers make the cross-country trek to Paamul and Xpuha in their recreational vehicles year after year, seeking the peace and natural beauty that these places provide.

Having retained its secluded, quaint and rustic charm, Paamul is located on a small bay along the coast. Its unique infrastructure has made it the ideal refuge for road travelers. With camper lots right in front of the sea, one can park their RV under a wide palapa roof and relish in the blissful climate of a tropical winter. Those who are loyal to this tiny paradise have organized a small community with electricity, running water, sandy roads (with street names) and well-kept gardens. The atmosphere in Paamul is definitely relaxed, informal and overall, tranquil.

Xpuha, on the other hand, is a larger beach with many more tents than there are campers. This coastal Eden is a beautiful long strip of pearly white sand lined with coconut palms. Its camping facilities are popular stopping grounds for groups of adventure travelers exploring the Mayan World. Xpuha has all the services necessary, including modest cabañas, for a comfortable stay.

The barrier reef runs parallel to both beaches. Famous for their excellent dive and fishing sites, Paamul and Xpuha offer dive shops with first class service and excellent deep-sea fishing. Paamul and Xpuha are the only two destinations in the heart of the Mayan Riviera that have maintained their rustic origins; unaffected by the larger tourist developments of the region.

||| Construcción de una palapa maya de acuerdo a la usanza tradicional
Construction of a Mayan palapa according to tradition

La palma de *guano* o de *chit* se corta en noches de luna llena para mayor durabilidad ▌▐
The *guano* or *chit* palm is cut on a full moon for longer durability

Cofrecito ■■
Smooth trunk fish

▋▌ Pez escorpión
Scorpion fish

▋▌ Coral abanico
Fan coral

Akumal

Antes de que cualcuier punto de la Riviera mostrara señas de desarrollo turístico, Akumal era una pequeña comunidad próspera, atractiva y encantadora. En los años setenta, aventureros y empresarios fueron atraídos por su majestuosa belleza, su fascinante historia y su incomparable vida subacuática. Ahí se asentaron con la idea de expandir toda la región y convertirla en el destino turístico principal del país. Akumal que en maya significa "lugar de tortugas" debe su nombre a la gran cantidad de tortugas marinas que llegan a anidar a sus playas en el verano. Tiene también antecedentes históricos relevantes: es la cuna del mestizaje en América, pues aquí nacieron los primeros mestizos, hijos del español Gonzalo de Guerrero y de una princesa maya.

Los espectaculares arrecifes que corren paralelamente a las tranquilas playas bordeadas de cocoteros han motivado este destino para el buceo. Centros de buceo de fama internacional ofrecen expediciones a la barrera arrecifal más grande del hemisferio norte así como a la red de ríos subterráneos.

La caleta de Yal-ku y la bahía de la Media Luna son conocidas por sus mansiones y condominios frente al mar y por el interés que los vecinos han mostrado en preservar la pequeña comunidad con todo su encanto pintoresco aunque con un toque exclusivo. La entrada principal de Akumal lleva directamente a Central Akumal, el corazón del pueblo donde se ubican las actividades, entre ellas, los centros de buceo. Sobresale la marina Dive Akumal: especializada en buceo en cavernas y cuevas.

Akumal

Before any other village along the Riviera ever demonstrated signs of tourist development, Akumal was a small thriving community, with a lure and enchantment unparalleled by any other destination nearby. Its majestic beauty, fascinating history and underwater life brought adventurers and entrepreneurs here in the early 1970s, in search of fortune, expansion and with the idea of turning the entire region into the most popular tourist development in Mexico.

Often referred to as the cradle of mestizo culture, where Spanish sailor Gonzalo de Guerrero fathered the first mixed bloods in America, Akumal is also famous for being one of the principal nesting sites for turtles in the Caribbean. Every spring and summer, these creatures crawl up to the beach to deposit their eggs; thus comes the Mayan meaning of Akumal, "place of the turtles." Its tranquil, coconut palm-lined shores and spectacular reefs have given this resort an elevated status as one of the most outstanding dive centers along the coast. World-renowned diving facilities offer expeditions to the world's second largest barrier reef as well as to the famous interlocking system of underground rivers.

Yal-ku inlet and Half Moon Bay inn Akumal are known for their beautiful beach front homes and condominiums, and for the care and respect its residents have taken in keeping the town small and quaint with a hint of exclusivity. Central Akumal, where the principal entrance lies, is the hub of the village and headquarters of the famed dive center, Dive Akumal; where they offer specialty tours and courses in cave diving.

Akumal es una de las playas principales en donde anidan las tortugas. Aquí, tortuga carey.
Akumal is one of the principal beaches where sea turtles nest. Here, the hawksbill turtle.

Xel-Há

Xel-Há que significa en maya "donde nace el agua" es uno de los acuarios naturales más grandes del mundo y la meca del esnórquel de la Riviera. A sólo 70 minutos de Cancún, este fantástico parque recreativo invita a explorar un abanico de maravillas naturales.

Los paisajes de Xel-Há, que son sin duda los más espectaculares del Caribe mexicano, se pueden explorar por las vías acuáticas o por los senderos que penetran en la selva. Los cenotes, las lagunas irisadas que reflejan los tonos azules del cielo, las costas sacudidas por el fuerte oleaje, el río tranquilo repleto de peces multicolores, los mangles frondosos y la selva tropical salpicada de orquídeas dan al visitante la sensación de descubrir el Paraíso. La gran variedad de actividades que incluye esnórquel y nado con delfines, así como los servicios turísticos -tiendas, restaurantes, casilleros, regaderas- se funden armoniosamente con las bondades naturales para garantizar al visitante una estancia memorable. El parque es la prueba fehaciente que progreso y desarrollo son compatibles con la conservación de la naturaleza.

En Xel-Há se ejercitan cuerpo y mente en un entorno privilegiado. Con su espíritu creativo, Xel-Há es sin duda una de las atracciones recreativas más excepcionales de la Riviera.

Xel-Há, Mayan for "where the water is born," is one of the world's largest natural aquariums and the Mayan Riviera's snorkeling Mecca. Just 70 minutes south of Cancun, the park is a remarkable recreational site where visitors can explore a multitude of natural wonders.

With some of the most spectacular landscapes in the Mexican Caribbean, Xel-Ha boasts a labyrinth of waterways and jungle paths that can be ventured both under water and on land. Fresh-water sinkholes (cenotes); iridescent lagoons that fuse with the blue color of the sky; a dramatic seaside terrain; a cool river brimming with vibrant fish; forests of mangroves and verdant jungles lush with orchids give visitors a sense of being in a tropical Eden. The wide variety of activities- including snorkeling and swimming with dolphins- combined with novel tourist facilities, restaurants, souvenir stores, showers and lockers, blend harmoniously to guarantee a memorable stay.

A wondrous place to exercise body and mind, Xel-Ha is undoubtedly one of the Riviera's most unique leisure attractions. With a creative spirit, the park is proof that progress and development are compatible with nature conservation.

Xel-Há

Tankah

Estas playas ancestrales que bordean una serie de hermosas bahías son conocidas como Tankah. Se caracterizan principalmente por los excelentes servicios de buceo proporcionados por varias posadas dirigidas por norteamericanos. Medio escondido en los manglares, su cenote a la orilla de la tranquila bahía es popular entre la gente local y los turistas que vienen a pasar el fin de semana.

Con sólo un par de hoteles que brindan una amplia gama de servicios profesionales para buzos, algunas casas privadas y un restaurante familiar en la playa, Tankah está lejos de las multitudes. Es un lugar muy preciado por los aficionados al buceo en busca de una privilegiada inmersión y de los amantes del esnórquel que vienen a bañarse en las refrescantes aguas de su cenote.

Las famosas tiendas de buceo ofrecen buceo profundo, somero y nocturno, así como la posibilidad de explorar el mundo subacuático del cenote, con sus canales que se pierden en el laberinto formado por las raíces de los mangles. El ojo de agua, llamado Casa Cenote, es uno de los pocos cenotes de fácil acceso- está en la playa, a escasos metros del mar- y cuya entrada es libre. Contrariamente a la mayoría de los cenotes de la región, Casa Cenote es un espacio abierto sin cavernas externas.

La soledad de Tankah y su riqueza subacuática natural ofrecen grandes oportunidades al ecoturista.

Tankah

These pristine beaches located on the edge of several beautiful bays commonly referred to as Tankah are primarily known for their excellent dive services offered by some American-owned guest houses. Its cenote, situated on the shore of a tranquil bay and surrounded by mangroves, is a popular weekend spot for travelers and locals alike.

With only a couple of hotels offering a plethora of professional dive services, several private homes and a family-run beachfront restaurant, Tankah is a favorite retreat for those in search of tranquility. It is mostly adventure divers looking for the ultimate scuba experience, and snorkelers who wish to bathe in the cool waters of the cenote that are attracted to the beauty and serenity of Tankah.

The renown dive shops offer deep, shallow and night dives as well as the possibility of exploring the underwater labyrinth of roots an unusual waterways characteristic of a cenote. The sinkhole in Tankah known as Casa cenote, is one of the only publicly accessible cenotes in the area that is visibly and directly connected to the sea. Unlike many others in the region, Casa Cenote is in a large open-space, without any external caverns. Tankah's remoteness and natural underwater wealth offer great opportunities for eco-travel.

Tulum

Desde la cima de un acantilado, la antigua ciudad amurallada de Tulum domina las aguas azules del Caribe, revelándose como uno de los sitios más imponentes de la Riviera Maya. La extensión y el esplendor de este puerto maya son testimonio de la gran actividad comercial que desarrolló en su época de florecimiento, en el periodo postclásico tardío.

No es por nada que en el pasado, la ciudad se llamaba Zama ("amanecer" en maya): el sol despierta sobre el mar, iluminando las paredes de sus edificios que estaban entonces recubiertos de estuco pintado de vivos colores. Hoy algunos conservan vestigios policromados.

Los templos tienen más que ofrecer. Destaca el Templo de los Frescos cuya fachada muestra embrollados relieves y una representación del dios descendiente, deidad relacionada con las abejas. En sus esquinas sobresalen grandes rostros de estuco moldeado y pintado que miran serenos hacia el horizonte. Su interior alberga impresionantes murales, con escenas celestiales, donde la diosa Ixchel, con falda y gran penacho, sostiene en sus manos dos imágenes del dios Chaac. Está rodeada de plantas, volutas y otros símbolos.

Esta ciudad de piedra de amaneceres escarlata es una de las zonas arqueológicas más visitadas de México. A corta distancia se encuentra el pueblo de Tulum, con un ambiente muy bohemio, y en la costa de playas blancas enmarcadas por exuberante vegetación, una singular zona hotelera con rústicas cabañas a la sombra de palmeras y otras más sofisticadas, sencillas fondas de mariscos y excelentes restaurantes naturistas.

Tulum

From the top of a cliff, the ancient walled city of Tulum dominates the blue waters of the Caribbean, revealing itself as one of the most eminent sites in the Mayan Riviera. The vastness and splendor of this Mayan port is testimony of al the commercial activity that evolved during its height in the late post-Classic period.

It is not for nothing that in the past, the city was called Zama ("sunrise" in Mayan): the sun rises over the sea, illuminating the walls of the city's buildings that where painted in stucco of brilliant colors. Today, some of these vestiges still preserve hints of polychrome.

The temples have a lot to offer. The building that stands out the most is the Temple of the Frescoes, which walls demonstrate complex relieves and a representation of the descending god, deity related with de bees. In its corners, large stucco faces that are molded and painted look serenely upon the horizon. The temple's interior shelters impressive murals of scenes representing the heavens, where the goddess Ixchel -with skirt and headdress- sustains in her hands two images of the god Chaac. She is surrounded by plants and other symbols.

This stone-built city, with scarlet sunsets, is one of the most visited archaeological sites in all of Mexico. The town of Tulum, with a quaint bohemian atmosphere, is found at a short distance from the ruins. Along the coast, white sand beaches paralleled by the exuberant vegetation display a single "hotel zone" with rustic and several sophisticate inns located underneath the shade of palm trees; excellent seafood and natural restaurants are part of the charm.

III Dios Descendente
Descending God

El rústico alojamiento es una atracción más para los viajeros aventureros. ▌▌▌
Rustic lodgings are another attraction for adventure travelers.

Templo del Dios del Viento
Temple of the Wind God

El castillo es el edificio más importante del sitio.
The Castle is the most important building in the site.

Casa del Halach Uinic (palacio)
The House of the Halach Uinic (palace)

Cobá

Grandiosa aunque apenas explorada, Cobá se erige, solitaria, en medio de la desbordante vegetación tropical. En esta zona apartada, el murmullo de la selva es solamente interrumpido por el ocasional grito de un saraguato o por el canto de un pájaro.

Sin embargo, Cobá conoció épocas más prósperas. Esta ciudad de ciudades comprende varios gupos de pirámides sumando un total de 6, 500 estructuras que se extienden sobre 210 km cuadrados. Floreció en el periodo clásico (600-900 d. C) alrededor de cinco lagos, razón por la cual se le llamó "aguas agitadas por el viento". Su población alcanzó entonces hasta 40,000 habitantes. Cobá, cuya arquitectura sugiere que fue la ciudad gemela de Tikal (Guatemala), ejerció su control económico en la región por medio de una impresionante red de caminos blancos (sacbé en maya) que cortan la seva en líneas rectas. El más largo de estos caminos unió Cobá con Yaxuná, a 100 km de distancia. La anchura de los caminos (hasta 9 m) indica que también se usaban para hacer procesiones religiosas. En esta tupida vegetación, la mejor manera de darse cuenta de la inmensidad del sitio y del fabuloso trabajo de ingeniería, es subiendo a la pirámide Nohoch Mul, la más alta de la vista es asombrosa. Hoy, las paredes de los edificios muestran sus piedras toscamente cortadas que la vegetación insiste en poblar. Pero antaño, estos monumentales muros estaban recubiertos con una capa de estuco pintada de vibrantes colores y algunos ostentaban también relieves de estuco. El conjunto de las Pinturas y la pirámide principal del grupo Chumuc Mul conservan aún restos de frisos policromados. Las 24 estelas que se han descubierto en el sitio son lisas o bien labradas con fechas y otros símbolos que narran la historia de Cobá, como las que se encuentran en el grupo Macanxoc. Aun abandonado, Cobá es mágico.

En el edifcio llamado la iglesia, los mayas vienen todavía a rendir culto y a depositar ofrendas, en una unión mística con sus antepasados.

Grand but barely explored, Coba emerges solitary in the middle of the lush tropical vegetation. In this isolated zone, the quiet murmur of the jungle is interrupted only by the occasional scream of a howler monkey or a bird's song. However, Coba has known more prosperous times. This city of cities is made up of several pyramid groups that encompass a total of 6,500 structures that expand over 81 square miles of land. It flourished during the Classic period (600-900 AD) around five lakes, the reason why it was called "ruffled waters". Its population reached 40,000 inhabitants. With an architecture that often suggests that it was the twin city-state of Tikal (Guatemala), Coba exercised economic control in the region through an impressive network of white-stone paths called sacbes, that cut trough the jungle in straight lines. The longest of these trails united Coba with Yaxuna, 62 miles away from the major city. The width of the paths (up to 9 meters) also indicates that they were used for religious processions. In this dense jungle, the best way to discover the immensity of the site and the fabulous engineering is by climbing the Nohoch Mul pyramid; at 138 feet tall, it is the tallest in the Yucatan Peninsula. From this temple, the view is mesmerizing.

Today, the building walls show their coarsely cut stones that the vegetation insists on populating. But long ago, these monumental murals were covered with a layer of vibrant stucco paint, and some also displayed motifs made of stucco. The Painters Group and the principal temple of the Chumuc Mul group still discernable polychromatic friezes. The 24 steles that have been discovered in the site are smooth and well carved with dates and other symbols, which narrate the history of Coba; similar to the ones found in the Macanxoc group. Still abandoned, Coba is magical. In the building called the Church, the Mayas continue to come here to pay homage and deposit their offerings in a mystical union with their ancestors.

Cobá

La cultura maya está presente a lo largo del camino a Cobá.
Mayan culture is present on the way to Coba.

Sian Ka'an

La Reserva de la Biosfera de Sian Ka'an se caracteriza por su incomparable belleza y su gran riqueza ecológica.

Los antiguos mayas llamaron este territorio "el pricipio del cielo" porque aquí, no puede distinguirse la línea del horizonte: se pierde entre los vibrantes azules del océano y los del cielo.

A sólo 11 kilómetros del sur de la zona arqueológica de Tulum, los fascinantes paisajes de la reserva con sus peculiares ecosistemas han atraído varias organizaciones internacionales y biólogos del mundo entero quienes se dedican a preservar intacto su estado virgen. Los 653 mil hectáreas de la Reserva de Sian Ka'an incluye playas, lagunas, pantanos, manglares, selvas y sabanas. Las playas blancas de fina arena que se extienden, solitarias, al infinito y la barrera de arrecifes coralinos que corre sobre cien kilómetros a lo largo de la costa le dan a Sian Ka'an su aspecto de tarjeta postal de sueño. Los complejos ecosistemas que comprenden miles de especies de plantas tropicales endémicas y que son el santuario ce aves residentes o migratorias así como las comunidades mayas transportan el visitante a otros mundos. De todos los destinos de a Riviera Maya, Sian Ka'an es un edén para sus visitantes y un refugio para los que ahí viven.

Los pequeños pueblos de pescadores y los modestos centros turísticos suman, cuando mucho, 1,000 habitantes. El propósito de experimentar Sian Ka'an es gozar la plena naturaleza y la soledad, y olvidarse temporalmente de las avenidas pavimentadas, los edificios altos y el turismo masivo.

Sian Ka'an is a place of unequaled beauty and vast ecological richness. The ancient Maya called this territory "the sky's beginning", because here, the spectacular union of ocean blues fuse with the vibrant sky, making it impossible to discern line of the horizon.

Only 11 km south of the archaeological site of Tulum, the reserve's fascinating landscapes and unique ecosystems have attracted numerous international organizations and biologists worldwide who strive to preserve its virgin state intact.

The approximately 653,000 hectares of protected area in the Biosphere Reserve of Sian Ka'an includes a wonderland of lagoons, marshes, mangrove forests, jungles, savannas and beach.

The solitary beaches of infinite white sand that lie parallel to the one hundred kilometers of barrier reef give Sian Ka'an a storybook like quality. The unusual integration of complex ecosystems where thousands of species of tropical flora endemic to the region are found and hundreds of resident and migratory birds find sanctuary, along with native Mayan communities, transport the visitor to another place in time. Of all the destinations along the Mayan Riviera, Sian Ka'an is truly representative of paradise and a refuge for all that inhabit it.

The little fishing villages and small tourist outpost in the reserve are populated by at most, a total of 1,000 people. Here, one simply comes to get away from it all and relish in the region's God-given beauty; escaping the massive tourism of many large resorts.

Sian Ka'an

Sian Ka'an se descubre con un vehículo de llantas altas. Desde Tulum en dirección del sur, la angosta carretera de arena que serpentea a lo largo de la costa en medio de la vegetación lleva a la reserva hasta llegar a Punta Allen, el último destino de la Riviera Maya. La asociación civil Amigos de Sian Ka'an organiza paseos ecológicos en la lancha por la reserva; para mantener bajo el impacto, estos tours son muy exclusivos. Gracias a que se ha conservado en perfecto estado, en 1987, la reserva de Sian Ka'an fue decretada por la UNESCO Patrimonio Mundial.
La reserva está compuesta por tierras ideales para los viajeros aventureros deseosos de evadirse de las selvas de concreto llamadas ciudades.

Boca Paila, el puente ▐▌▌
The bridge in Boca Paila

The easiest way to get there is with a four wheel drive. From Tulum, the coastal road south-narrow, unpaved and surrounded by jungle vegetation- leads straight to the reserve's entrance, and to the riviera's last town, Punta Allaen. The civil association of the Friends of Sian Ka'an also organizes ecological tours to the reserve that are of low carrying capacity and low impact.
This is undoubtedly, the ideal place for adventure travelers and those seeking to escape the concrete jungle of the city.
*Sian Ka'an Biosphere Reserve was named Patrimony of Humanity by UNESCO in 1987.

Vista del mar desde el puente ▐▌▌
View of the sea from the bridge

La pesca es la actividad principal en Punta Allen (Reserva de Sian Ka'an).
Fishing is the principal activity in Punta Allen (Sian Ka'an Reserve).

Garza corona amarilla
Yellow-crowned night heron

Isla Mujeres

Esta pequeña joya en el Caribe mexicano es un refugio ideal: encantadora, pintoresca y acogedora. En medio de la bahía de Isla Mujeres, a 20 minutos en ferry de la costa, se extiende sobre siete kilómetros de largo y uno de ancho. Gracias a sus playas paradisiacas, el mar asombroso que la rodea, su pequeño pueblo y los divertidos modos de locomoción disponibles para visitarla- bicicletas, motonetas o carritos de golf- la isla es el destino más popular en la región para pasar un día de descanso.

Del muelle principal donde acostan los ferries, se camina hasta Playa Norte. Aquí, el océano es transparente, tranquilo y poco profundo: se puede caminar varios metros mar adentro. A la sombra de los cocoteros que salpican la playa, varios restaurantes-bares bajo techos de palma invitan a disfrutar de la hora feliz: saboreando un coco loco en una hamaca que se mece al ritmo de la brisa, mientras el sol poniente tiñe de rojo el horizonte.

Al otro extremo de la isla, Punta Sur guarda los vestigios de un templo maya y ofrece la vista del parque marino Garrafón. Acantilados escarpados dominan de un lado los tonos eléctricos de la bahía con Cancún que se perfila a lo lejos, y del otro, las profundidades del mar Caribe.

A pesar de la floreciente industria turística, la isla está arraigada a su tradición pesquera. En la playa principal que bordea el malecón descansan las pangas, o lanchas, después de una jornada de trabajo. La mayoría de los lancheros ofrecen excursiones al arrecife para esnorquelear y pescar. Después de un día en la playa, la isla invita a saborear dos manjares regionales: el ceviche y el pescado tikin'xic. Nada supera el modo isleño de preparar estos dos platillos que cada domingo atraen familias enteras a la isla.

Isla Mujeres

This little gem in the Mexican Caribbean is a genuine retreat: charming, quaint and relaxing. Only a short ferry ride across the Bahia de Isla Mujeres, it is a mere 7 kilometers in length and 1 kilometer wide. The island's paradisiacal beaches, stunning sea, small downtown and adventurous means of transportation (bicycles, mopeds and electric golf carts are the locals favorites) have turned it into the most popular daytime destination in the region.

From the main dock, where the ferries disembark, one can easily walk to the Island's most famous beach, Playa Norte. Here, the ocean is a clear as glass, tranquil and extremely shallow. The series of funky thatched-roof restaurant-bars, surrounded by coconut groves that line the beach, make it a popular afternoon retreat at happy hour and sunset. Most of the bars have swings and hammocks, therefore, swaying to the rhythm of the ocean breeze with an ice-cold beverage in hand is a favorite afternoon pastime.

On the opposite direction is Punta Sur, where the remains of a Mayan temple and the famous marine park of Garrafon can be visited Steep cliff overlook a vibrant sea of electric blue-green with a spectacular view of Cancun on one side, and the mysterious Caribbean on the other. A legendary fishing village, the island's principals boulevard of malecon runs parallel to a beach lined with traditional fishing boats called pangas. Most larcheros or local fishermen also offer snorkeling and fishing tours to the nearby reefs. Isla Mujeres is the ideal place to spend a day swimming and sunning, and feasting on regional seafood such as the famed ceviche de caracol (conch marinated in lime juice) and tik n'xic fish. These two unique delicacies alone attract hundreds to the island each Sunday.

Desde Punta Sur se distingue Cancún en el horizonte
From Punta Sur (South Point) Cancun can be seen on the horizon

Los dramáticos acantilados de Punta Sur ▌▌▌
Dramatic cliffs in Punta Sur

Isla Contoy

A hora y media de Cancún, Isla Contoy es la ínsula más alejada de las costas del Caribe mexicano. Es llamada también Isla de los Pájaros debido a la gran cantidad de aves que han adoptado para hospedarse, anidar y reproducirse.

Desde tiempos remotos, esta pequeña isla de apenas 317 hectáreas ha sido el refugio más importante en todo el Caribe mexicano de aves marinas, lagunares y migratorias. Esto se debe a que la isla se encuentra en la transición entre las aguas del Mar Caribe y el Golfo de México. Las corrientes que ahí se unen producen un alto nivel de plancton, sustento de los peces que vienen, abundantes, a alimentarse, y que son, a su vez, las presas de las aves marinas.

Para conservar los paisajes naturales vírgenes y proteger a las 104 especies de aves registradas hasta hoy y a las 3 especies de tortugas marinas que acuden a las playas para desovar, la isla fue decretada Reserva de Biosfera. No está habitada más que por algunos biólogos que realizan ahí su trabajo de campo y por pescadores durante la temporada de la "corrica de la langosta". Las excursiones a este parque natural son restringidas. Sólo se puede visitar la isla con los tours de ecoaventura realizados por la naviera Asterix, o con los pescadores de Isla Mujeres o Puerto Juárez que benefician de un permiso especial.

Contoy representa un paseo ecológico muy lejos de la civilización.

One and half-hour boat ride from Cancun, Contoy is the farthest island from the Mexican Caribbean coast. This refuge is also known as "the island of birds" due to the great quantity of bird life who have adopted this isle as their base, nesting and reproductive site.

Since time immemorial, this small island of only 317 hectares has been the most important lagunar, migratory and marine bird sanctuary in the Mexican Caribbean. This is due to the island's strategic location between the transitory waters of the Caribbean Sea and the Gulf of Mexico. The meeting point of these ocean currents produce a high level of plankton, the major nutritional source for the abundance of fish that come here to feed; and in the meanwhile, they also become prisoners of sea birds as well.

To preserve the landscape's virgin estate and to protect the 104 species of currently registered birds, and the three species of sea turtles that come to these beaches to nest and deposit their eggs, the island was decreed a Biosphere Reserve. It is inhabited only by a few biologists who are there to complete their fieldwork and fishermen, who are allowed to reside on the island during the "lobster march."

Excursions to the island are carefully restricted. Contoy can only visited through the eco-adventure tours offered by Asterix boats, or with fishermen of Isla Mujeres or Puerto Juarez that benefit from special government permission given only to them.

Contoy represents an ecological journey far from civilization.

Island of Contoy

||| Fregata común
Magnificent frigatebird

Cozumel

Enclavada en el turqueza mar Caribe, frente a Playa del Carmen (a 19 Km.), la isla de Cozumel -la más grande en México- es un importante centro turístico internacional. Puerto de escala obligado para los curceros que navegan por el Caribe, es también un destino favorito para los amantes de los deportes acuáticos. Su desarrollo medido y sus tradiciones yucatecas muy arraigadas atraen a numerosos turistas que vienen a pasar una estancia relajada en un ambiente informal y amistoso.

En la época prehispánica, Cozumel (del maya *cuzamil* que significa "tierra de golondrinas") fue un importante centro ceremonial maya dedicado a la diosa de la fertilildad Ixchel y luego la madriguera de varios piratas de triste renombre. En el siglo XX, los cozumeleños subsistieron básicamente de los frutos del mar hasta que, en los sesenta, la isla salió del anonimato gracias al explorador oceanográfico Jacques Cousteau quien dio a conocer al mundo sus magníficas oportunidades de buceo. La isla está rodeada por una franja de arrecifes con una impresionante diversidad de formaciones coralinas, cavernas misteriosas y profundas paredes que son el hogar de miles de especies de animales y vegetales. Cada sección es única, cada inmersión un reto diferente. Los arrecifes de Cozumel fueron declarados una Reserva Natural Submarina en 1972. Clasificados entre los 5 más bellos del mundo, atraen cada año a 60,000 buzos de todos los rincones del mundo. Las opciones de buceo que ofrece la isla incluyen buceo profundo, buceo nocturno y buceos temáticos enfocados en la ecología, la arqueología, los barcos hundidos y la fotografía.

Homenaje al buceo ‖‖
In memory of scuba diving

Located in the beautiful Caribbean, only nineteen kilometers across from Playa del Carmen, the island of Cozumel is an important international tourist center. The largest island in Mexico, it is one of the principal ports for cruise ships navigating through the Caribbean; and undoubtedly, a favorite destination for expert and amateur water sports fans. Its careful development and deep-rooted Yucatecan traditions attract numerous tourists that come to spend a relaxing holiday in an informal and friendly atmosphere. During the pre-Hispanic period, Cozumel (of the Mayan *cuzamil*, which means, "land of the swallows") was an eminent ceremonial center dedicated to the goddess of fertility Ixchel, and later, the stopping ground for unfathomable pirates. In the XX century, the cozumeleños subsisted basically from the fruits of the sea. It wasn't until the 1960's, that the island surged from anonymity when oceanographer, Jacques Cousteau, revealed to the world the splendid opportunities for underwater exploration. The island is sorrounced by a barrier reef that houses some of the most impressive diversity of coral formations, mysterious caverns and coral shelters that are the home of thousands of animal and vegetable species. Each reef is different, and every immersion is a challenge. Cozumel's reef were declared a Natural Underwater Reserve in 1972. Classified amongst the five most beautiful reefs in the world, they attract 60,000 divers annually who come from all corners of the world. The number of diving options that the island offers include deep dives, night dives ant thematic dives focused on ecology, archaeology, wrecks and photography.

Cozumel

Muy hospitalaria, la isla está preparada para recibir a la gran afluencia de visitantes. Cuenta con todos los servicios, incluyendo un parque natural, un singular museo, playas con instalaciones y un aeropuerto internacional. En el malecón del pueblo llamado San Miguel se concentra la mayoría de los hoteles, restaurantes y tiendas que ofrecen desde sencillas artesanías hasta piedras preciosas que son montadas en una hora al gusto del cliente.

Al atardecer, la Plaza del Sol frente a los muelles invita convivir con los cozumeleños que ahí se juntan después de su día de trabajo.

Very hospitable, the island is prepared to receive a large affluence of visitors. It boasts al the services, including a natural park, a museum, beach facilities, and an international airport. The majority of hotels, restaurants and stores that sell everything from simple crafts to precious stones mounted right in front of the buyer's eyes are concentrated near the town's ocean-front boardwalk or malecon called San Miguel.

At sunset, the Plaza del Sol in front of the docks invites one to intrmingle with the locals that meet there after a day's work.

Laguna Chankanaab |||
Chankanaab Lagoon

Laguna Chankanaab III
Chankanaab Lagoon

Los peregrinos viajaban a Cozumel para rendir homenaje a Ixchel, la diosa de la fertilidad
Pilgrims traveled to Cozumel to pay hommage to Ixchel, the goddess of fertility

▐▮▌ Parque natural Chancaab
Chancanaa Nature Park

▐▮▌ A pesar del turismo masivo que
visita la isla, el pueblo cuzumeleño
está muy arraigado a sus tradiciones yucatecas
In spite of massive tourism, the
townspeople of Cozumel are
rooted to their Yucatecan traditions

Pez puerco espín ▐▐▐
Burr fish

Estrella canasta sobre coral de fuego ▐▐▐
Basket starfish on top of fire coral

Cabrilla
Coney

Mero negro
Black grouper